S0-ANP-676

El regalo de la tejedora

por Lee S. Justice
ilustrado por Rosanne Kaloustian

 HOUGHTON MIFFLIN   BOSTON

Ésta es la tierra del pueblo navajo. Hace mucho tiempo se trajeron muchas ovejas.

Los navajos se dedicaron a criar ovejas.
Aprendieron a tejer con el estambre que sale
de la lana de las ovejas.

Las niñas aprendían a tejer viendo a sus madres. Cuando las niñas crecían, enseñaban a sus hijas.

Los hombres y los niños también ayudaban.
Cuidaban las ovejas y les cortaban la lana.

La tejedora cardaba la lana. Para ello
utilizaba una tabla con puntas.

Después hilaba la lana. Transformaba
la lana en estambre.

Después, la tejedora juntaba varias plantas. Las plantas se hervían para hacer tintes. Los tintes se usaban para teñir el estambre.

Luego, la tejedora montaba el telar.
Se imaginaba el dibujo de lo que iba a hacer.
Empezaba a tejer el dibujo en la alfombra.

Las alfombras tenían unos diseños muy variados.
Cada diseño tenía un significado especial.

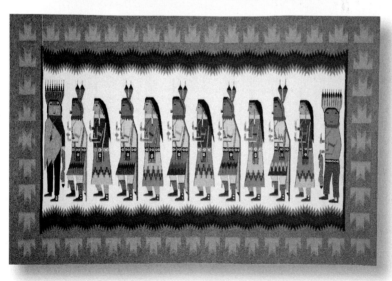

La tejedora cantaba mientras tejía en el telar. Sus canciones y sus pensamientos quedaban tejidos en la alfombra. Ésta se volvía parte de la tejedora.

Los navajos empezaron a tejer hace muchos años. En la actualidad siguen haciéndolo.

o sé todo esto porque me lo enseñó mi tía Gloria. Ella es tejedora. Mi tía Gloria vino hoy a mi escuela.

Mi tía Gloria montó su telar. Nos enseñó a todos cómo se teje.

Mis compañeros de clase intentaron tejer.
Entonces, mi tía Gloria les dijo a todos:
—Henry tiene algo que enseñarles.

Yo mostré una alfombra y dije:

—Esta alfombra la tejió la abuelita de la abuelita de mi mamá.

Todos aplaudieron.

—Esta alfombra forma parte de mi familia. Por eso me parece tan bonita —dije después.